Pro gloria et patria?

Wolfgang Glauche

Pro gloria et patria?

Die totale Institution Militär am Beispiel der

brandenburgisch-preußischen Armee

Das Titelbild stellt einen preußischen Ulanen dar, in einer Uniform, wie sie in der Mitte des 19. Jahrhunderts getragen wurde.

Alle Fotos, einschließlich des Titelbildes, sind vom Autor selbst aufgenommen und zeigen von Hand bemalte Zinn - und Bleifiguren aus seiner Sammlung.

© 2004 Wolfgang Glauche
Herstellung und Verlag: Books on Demand GmbH, Norderstedt
ISBN 3-8334-1209-7

Inhalt

Soldaten aus der Zeit des Großen Kurfürsten

Prolog

Seit über 30 Jahren sammle ich historische Zinnfiguren. Anfangs waren es die farbenprächtigen Uniformen, die den Reiz für mich ausmachten. Mit der immer intensiver werdenden Beschäftigung stellte sich das Thema jedoch immer komplexer und vielschichtiger dar. Ich habe mich daher auf ein Teilgebiet, auf Preußen und das Deutsche Reich konzentriert.

Zinnfiguren, besser gesagt Zinnsoldaten, denn zivile Figuren waren weit seltener, sind in früheren Zeiten nur nebenher als Kinderspielzeug verwendet worden. In der Hauptsache waren sie militärisches Handwerkzeug von höheren Offizieren und Feldherren. Sie wurden zur plastischen Darstellung von Schlachten und Aufmarschplänen als Argumentations– und Verständnishilfen in so genannten Sandkästen verwendet, in denen eine bestimmte Landschaft oder ein bestimmtes Gelände detailgetreu wiedergegeben war. Noch heute bezeichnen wir rein theoretische Erwägungen als Sandkastenspiele.

Das Militärwesen durchzog alle gesellschaftlichen Bereiche. Das Heerwesen war ohne das gesellschaftliche Umfeld nicht denkbar. Umgekehrt stieß ich in der militärischen Literatur und in geschichtlichen Abhandlungen immer wieder auf Hinweise, daß das Militär weit in die Gesellschaft hinein wirkte und sie sogar teilweise bestimmte.

Die hier kurz geschilderten Beobachtungen sind für mich der Ausgangspunkt für meine Betrachtungen zum Thema:

„Pro gloria et patria? (Für Ruhm und Vaterland?)
Die totale Institution Militär am Beispiel der brandenburgisch-preußischen Armee".

Der Große Kurfürst in der Tracht eines römischen Senators,
wie ihn auch der Bildhauer Andreas Schlüter in seinem
Reiterstandbild dargestellt hat (zu sehen im Schloß
Charlottenburg)

1. Totale Institutionen

Der Begriff Institution taucht im Sprachgebrauch in vielfacher Verwendung auf. Er wird fachbezogen genauso verwendet wie umgangssprachlich. Unser Leben ist von Institutionen geprägt. Dies wird durch das geregelte Zusammenleben der Menschen deutlich.

Nach vorherrschender Ansicht der Wissenschaft kennzeichnen folgende Faktoren eine Institution:

1.Die Idee der Institution
Sie wird von den Mitgliedern der jeweiligen Gruppe oder Gesellschaft festgelegt und anerkannt.

2.Der Personalbestand der Institution
So wird die Gruppe von Menschen bezeichnet, die die vorgegebene Rolle spielt.

3.Die Regeln oder Normen des Umgangs miteinander
Die Mitglieder der Institution unterwerfen sich diesen Regeln, oder die Regeln werden ihnen auferlegt.

4.Der materielle Apparat
Hier sind Gegenstände oder Räume gemeint, die in die Institution einbezogen werden.

Alle Institutionen nehmen die Zeit ihrer Insassen in Anspruch. Sie stellen für sie eine Art Welt dar. Manche Soziologen sprechen auch von Subsystemen. Die Insassen üben dort in unterschiedlichen Institutionen diverse Tätigkeiten aus.

Es gibt Institutionen mit festem Mitarbeiterstab, die Dienstleistungen für ein ständig wechselndes Publikum erbringen.

Andere, z.B. Wohnhäuser oder Fabriken weisen eine geringe Fluktuation der Beteiligten auf.

Alle Institutionen haben in der Tendenz einen allumfassenden Charakter. Bei genauerem Hinsehen erkennt man, daß einige ungleich allumfassender sind. Dieser Charakter, den man als total bezeichnet, zeigt sich in Beschränkungen des sozialen Verkehrs mit der Außenwelt und der Freizügigkeit. Als Beispiele möchte ich anführen: verschlossene Tore, hohe Mauern und Stacheldraht. Solcherart ausgestattete Einrichtungen bezeichnet man als totale Institutionen.

Erving Goffman hat fünf Gruppen von totalen Institutionen ausgemacht.

Anstalten zur Fürsorge für Menschen, die als unselbständig und harmlos gelten
Beispiele: Blindenheime, Altersheime, Waisenhäuser und Armenasyle

Anstalten die der Fürsorge für Personen dienen, die für unfähig gehalten werden für sich selbst zu sorgen, und daß sie eine zwar unbeabsichtigte Bedrohung für die Gemeinschaft darstellen
Beispiele: Tuberkulose-Kliniken, Irrenhäuser und Leprosarien

Anstalten die dem Schutz der Gemeinschaft vor Gefah-

ren dienen, die man für beabsichtigt hält. Das Wohlerge-
hen der so Abgesonderten ist dabei nicht der unmittelbare
Zweck.
Beispiele: Gefängnisse, Zuchthäuser, Kriegsgefangenen-
lager und KZ`s

Anstalten die angeblich darauf abzielen, bestimmte
arbeitsähnliche Aufgaben besser durchführen zu können
und die sich durch diese instrumentellen Gründe recht-
fertigen.
Beispiele: Kasernen, Schiffe, Internate, Arbeitslager,
koloniale Stützpunkte

Anstalten die als Zufluchtsorte vor der Welt angesehen
werden, obwohl sie zugleich religiöse Ausbildungsstätten
sind
Beispiele: Abteien, Klöster, Konvente und Einsiede-
leien

Das zentrale Merkmal einer totalen Institution zeigt
sich darin, daß alle Angelegenheiten des Lebens an
ein und der selben Stelle und unter ein und der selben
Autorität stattfinden. Alle Phasen der täglichen Ak-
tivitäten werden in unmittelbarer Gesellschaft einer
großen Gruppe von Schicksalsgenossen ausgeführt.
Alle verrichten die gleiche Tätigkeit und werden gleich
behandelt. Der Arbeitstag ist exakt geplant. Der Ablauf
aller Tätigkeiten wird durch ein genau vorgegebenes Regelwerk von einem Stab von Funktionären (Vorgesetzte,
Offiziere) vorgeschrieben.
Die unterschiedlichen erzwungenen Tätigkeiten wer-

den in einem zentralen rationalen Plan vereinigt, der dazu dient, die vorgegebenen Ziele der Institution zu erreichen.

Bleisoldaten in der Uniform des Kaiser-Alexander-Garderegiments

2. Das Entstehen der brandenburgisch – preußischen Armee

Stehende Heere kennt man in Brandenburg – Preußen erst seit der Regierungszeit des Kurfürsten Friedrich Wilhelm – in die Geschichte eingegangen als der Große Kurfürst. Die Vorteile stehender Heere hatte Friedrich Wilhelm während seines Aufenthalts in den Niederlanden kennen und schätzen gelernt. Bis dahin war es üblich, Kriegsvolk je nach Bedarf anzuwerben. Aus dieser Zeit stammt der Ausspruch:

„ *Dessen Brot ich ess, dessen Lied ich sing.*"

Bei solchen Söldnertruppen handelte es sich zumeist um rohe undisziplinierte und unzuverlässige Gewalthaufen, die selbst durch barbarische Strafen kaum zu zügeln waren. Wurden ihre Dienste nicht mehr benötigt, wurden sie entlassen. Diese dann herrenlosen Landsknechte wurden auf der Suche nach einem neuen „Arbeitgeber" zur Landplage vor allem für die ländliche Bevölkerung. Sie fristeten ihr Leben mit Landstreicherei, Marodieren, Plündern und Straßenraub. Dies war besonders nach dem gerade zu Ende gegangenen Dreißigjährigen Krieg der Fall.

Eine andere Möglichkeit, sich Truppen zu verschaffen, bestand für den Kurfürsten darin, das Adelsaufgebot aufzurufen. Dabei hatte der Adel Waffendienst zu leisten und entsprechend seiner jeweiligen Möglichkeiten Reisige, d.h. Soldaten zu stellen. Dieses System hatte aber den Nachteil, daß der Kurfürst von der Gutwilligkeit des Adels abhängig war.

Durch die Aufstellung eines stehenden Heeres, das ausschließlich dem Befehl des Herrschers unterstand, hatte sich Friedrich Wilhelm ein Machtmittel geschaffen, das ihn von der Abhängigkeit vom Adel im Lande befreite.

Mit dem Ende des Dreißigjährigen Krieges begann die Epoche des Absolutismus, die besonders das 18. Jahrhundert prägte.

Nach bislang meist unkontrollierten Glaubens- und Bürgerkriegen sollte nunmehr eine feste Ordnung in Europa entstehen. Aber nicht nur die Türkenkriege sorgten immer wieder für Unruhe. Auch die Rivalität zwischen den Großmächten Frankreich, Österreich, England und Rußland, zu denen sich dann noch Preußen gesellte, führte immer wieder zu kriegerischen Verwicklungen.

Es waren meist Erbfolgekriege, die ausgetragen wurden. Sie wurden nicht wie frühere Kriege willkürlich vom Zaun gebrochen. Es ging vielmehr stets darum, vorgebliche oder tatsächliche staatliche oder dynastische Ansprüche zu schützen und durchzusetzen. Bei dieser Art von Machtpolitik war ein stehendes Heer von unschätzbarem Nutzen.

Offiziere zur Zeit Friedrich des Großen

2.1 Die Herkunft der Soldaten

Wenn in diesem Abschnitt von Soldaten die Rede ist, sind damit die Mannschaften gemeint, oder wie es im Sprachgebrauch dieser Zeit hieß, der „gemeine" Mann. Diese Menschen entstammten in der Regel den unteren Ständen. Sie übten das Kriegshandwerk aus, weil ihnen ein anderer Broterwerb nicht möglich war, oder weil sie zum Militär gepreßt wurden.

An die Stelle des Söldners trat bei der Schaffung des stehenden Heeres der „miles perpetuus", der ständige Soldat. Er leistete seinem Kriegsherren, und wie man auch treffend sagte, seinem Zahlherren, über den Friedensschluß hinaus seine Dienste.

Diese Soldaten wurden, wie in früheren Zeiten die Landsknechte, durch Werbung rekrutiert. Allerdings war der brandenburgische Kurfürst darum bemüht, hauptsächlich „Landeskinder" rekrutieren zu lassen. Meist waren das die zweiten und nachgeborenen Söhne der Bauernschaft, die wegen des Erstgeburtserbrechts keine Möglichkeit hatten, den väterlichen Hof zu übernehmen. Für diesen Personenkreis gab es nur die Möglichkeit ein wenig geachteter Knecht auf dem Hof des ältesten Bruders zu werden, oder Soldat. Das Verhältnis der so Landsknecht oder Soldat gewordenen zur Bauernschaft war mehr als unfreundlich.

In einem Lied von Frundsbergs Landsknechten heißt es:

„Bei einem Bauern dien´ ich nicht".

Ihren rhythmischen Trommelschlägen beim Sturmangriff hatten sie die Worte unterlegt:

„Hüt' dich Bauer ich komm' ''.

Bauer und Soldat standen sich lange unversöhnlich gegenüber.

Trotz der Bemühungen, möglichst viele Brandenburger für das Heer zu rekrutieren, war der Ausländeranteil sehr hoch. Hierbei muß aber bemerkt werden, daß nach dem Verständnis der Zeit auch diejenigen als Ausländer galten, die aus anderen deutschen Ländern und Fürstentümern stammten.

Mit der Schaffung des stehenden Heeres wurden auch erste Anfänge eines Versorgungssystems für ausgediente oder invalide gewordene Soldaten gelegt. So wurden beispielsweise Stellen als Torschreiber oder Akziseeinnehmer mit ausgedienten Soldaten besetzt. Dieses System, das Beamtentum auf ausgediente Soldaten zu stützen, wurde von Friedrich Wilhelm I., Friedrich II. und den folgenden Königen Preußens weiter ausgebaut.

Gerade die zweit-und spätgeborenen Bauerssöhne erwiesen sich als besonders gute Soldaten und nach ihrer Verabschiedung als treu ergebene Beamte.

Zur Zeit Freidrichs I., dem Nachfolger des Großen Kurfürsten, ließen sich viele Ausländer freiwillig anwerben, denn es hatte sich herumgesprochen, daß in keinem europäischen Heer so pünktlich Sold gezahlt wurde wie im preußischen.

Um seiner Armee einen möglichst volkstümlichen Charakter zu geben, ließ Friedrich I. in Ostpreußen eine Miliz aus Bewohnern des Landes aufstellen. Diese Miliz hatte die Aufgabe, bei Abwesenheit des regulären Heeres die Landesgrenzen zu schützen. Außerhalb der Landesgrenzen durfte die Miliz nicht eingesetzt werden. Einwohner Ostpreußens, die in die Stammrollen der Miliz eingetragen waren, durften nicht für das stehende Heer ausgehoben werden. Friedrich Wilhelm I., der Nachfolger des ersten Königs in Preußen, löste 12 Tage nach seinem Regierungsantritt diese Miliz wieder auf. Er mißtraute der Volksbewaffnung und untersagte sogar den Begriff Miliz zu verwenden. Auch das Wort Militär wurde im schriftlichen und mündlichen Verkehr strikt verboten. Ziel des Königs war es, seinem Heer im Ansehen beim Volk eine geachtetere Stellung zu verschaffen.

Als die preußischen Truppen nach dem Ende des Spanischen Erbfolgekrieges zurückkamen, gab es für die Mannschaften, die nur für die Kriegszeit aufgeboten waren, eine böse Überraschung. Ihnen wurde eröffnet, daß der König sämtliche damals abgeschlossenen Kapitulationen (Verträge) für null und nichtig erklärt hatte. Sie hätten so lange zu dienen, wie es dem König gefiele oder bis sie invalide würden. Die Empörung und der Unmut unter den Betroffenen war riesengroß. Hinzu kam noch der Drill im Garnisonsdienst und die Prügel durch die Unteroffiziere. Die Folge war eine Massendesertion. Allein 1714 desertierten 3471 Soldaten. Für diese Verluste mußte Ersatz geschaffen werden. Es begannen Aushebungen von Rekruten in äußerst rigoroser Weise. In einer Ordonnanz (Anordnung) vom 17. Juli 1713 ordnete Friedrich Wilhelm an, daß vom Lande, aus den Städten und aus den Reihen der früheren Milizen Rekruten zu stellen seien. Da die Behörden sich außerstande sahen diese Forderungen zu erfüllen, wurde diese Werbung, wie man diese

Zwangsaushebung beschönigend nannte, von den Regimentern selbst vorgenommen. Es wurden Fahrgäste aus den Postkutschen geholt und unter die Soldaten gesteckt. Selbst die Postillone wurden nicht verschont. Der König mißbilligte diese Verfahren zwar, verbot sie aber nicht. Als ihm eine Beschwerde darüber vorgetragen wurde, verfügte er, daß man einen Postillon nur dann mit Gewalt vom Wagen herunter holen dürfe, wenn er auch die geforderte Körpergröße für sein „Rotes Bataillon Leib-Grenadiers" , die Potsdamer Riesengarde, habe.

In ganz Preußen wurde regelrecht Jagd auf Bürger und Bauern gemacht, um sie zu den Soldaten zu stecken. Selbst in Kirchen waren sie nicht sicher. In Perleberg wurden beispielsweise während des Gottesdienstes die anwesenden jungen Männer von herein gestürmten Werbern weggeschleppt. Es herrschte eine Art Faustrecht in Preußen.

Die Kompaniechefs hatten Befehl, ihre Einheiten auf dem befohlenen Personalstand zu halten. Um das zu erreichen kam es vor, daß große Teile der Bevölkerung eines zugewiesenen Werbedistrikts zwangsweise auf die Güter des zuständigen Offiziers umgesiedelt wurden, um als Ergänzungsmannschaft zu dienen. Die „Kleinen", die das für den Militärdienst geforderte Maß nicht hatten, mußten Bediente, Reitknechte, Köche und ähnliches bei der Gutsherrschaft spielen, die gleichzeitig Polizeibehörde war und die niedere Gerichtsbarkeit ausübte.

In den Städten ging man anders vor. Waren keine langen Bürger zu greifen, setzte man auch einmal einen wohlhabenden Bürger fest, um Geld für Werbungen an anderen Orten zu erpressen. Bei einem derartigen Vorgehen kam es in Magdeburg zu einem regelrechten Gefecht zwischen

Bürgern der Stadt und Werbern, bei dem 20 Menschen zum Teil schwer verletzt wurden. Scharen junger Männer, die durch die Eintragung in die Musterungsrolle der Miliz bisher ein vom Militär unbelästigtes Leben geführt hatten, verließen Preußen bei Nacht und Nebel. Zu ihnen gehörten auch der Dichter und Literaturhistoriker Johann Christoph Gottsched. Er verließ 1724 seine Heimatstadt Königsberg, um sich auf Dauer im ruhigeren Leipzig niederzulassen.

Das Edikt vom 17. Oktober 1713, wonach jeder Untertan, der das Land ohne Genehmigung verließ, wie ein Deserteur der Armee zu bestrafen war, änderte nichts an dieser Fluchtbewegung.

Um die Empörung unter der Bevölkerung wenigstens etwas zu beruhigen, wurden schließlich die gewaltsamen Werbungen verboten, allerdings mit einer Ausnahme. Bürger und Bauern, die sich Gesetzesverstöße zuschulde kommen ließen, wurden zwangsweise rekrutiert. Auch Lakaien, Kutscher, Knechte und andere Bedienstete, die ihrer Herrschaft nicht genehm waren, sollten unter die Soldaten gesteckt werden. Durch diese Bestimmungen waren der Willkür Tür und Tor geöffnet. Jetzt konnte jeder unter dem Vorwand, er sei ungehorsam und widerspenstig, in die Uniform gesteckt werden. War das aber erst einmal geschehen, halfen auch die überzeugendsten Argumente der Unschuld nichts mehr. Es ist kein Fall bekannt, daß ein zu Unrecht Beschuldigter wieder aus dem Militärdienst entlassen wurde. Kritik an diesen Verfahrensweisen war wirkungslos. Der König machte sich kein Gewissen daraus. Er wollte das Heer um jeden Preis vergrößern. Zur Rechtfertigung des Vorgehens wurde mit dem Alten Testament argumentiert, daß es: ... *„göttliches Recht sei, Knechte und Mägde, Söhne und Esel wegzunehmen"*.

Werbungen, so hieß es, seien ein Regal der Fürsten, und wer sich diesen widersetze oder darüber beklage, versündige sich gegen Gott.

Auch die Universitäten wurden von den Zwangsrekrutierungen in Mitleidenschaft gezogen, obwohl gemäß königlicher Order Studenten vom Zwangsmilitärdienst ausgenommen sein sollten. Die Folge war, daß die Universität Halle nicht nur von inländischen Studenten sondern auch von Ausländern gemieden wurde. Das Ergebnis war ein immer weiter voranschreitender Niedergang der Universität.

Die gewaltsamen Werbungen hielten mit stiller Duldung des Königs an. Die von den Werbern praktizierten Methoden brachten das wirtschaftliche Leben in Preußen zum Stocken. Es fiel keinem ausländischem Facharbeiter mehr ein, nach Preußen zu kommen, um sich dort niederzulassen. Die verlockendsten Angebote wurden ausgeschlagen, aus Angst davor, irgendwann unter die Soldaten gesteckt zu werden.

Um die geforderte Zahl der Soldaten zu erreichen, gingen Regimentschefs, die Großgrundbesitzer waren dazu über, ihre Guts-Untertanen in ihre Regimenter zu stecken. Für die Arbeit auf den Gütern wurden sie dann wieder beurlaubt. Dieses Verfahren war vom König zwar nicht genehmigt, wurde aber geduldet. Während der Beurlaubung erhielten diese Soldaten nämlich keinen Sold und so konnte das eingesparte Geld für weitere Werbungen groß gewachsener Soldaten verwendet werden.

Noch nicht dienstpflichtige junge Männer wurden in besonderen Listen erfaßt und in gewissen Abständen gemustert. Sie waren verpflichtet eine rote Halsbinde zu tragen, als Zeichen der Zugehörigkeit zum künftigen Regiment. Sie waren damit nicht nur der Ortsobrigkeit unterworfen, sondern auch den militärischen Regularien. In Berlin ging der Mißbrauch sogar so weit, daß die Kompaniechefs der dort in Garnison liegenden Regimenter jedem männlichen Kind gleich nach der Geburt die rote Halsbinde ins Haus schickten. Sie mußte als Zeichen der Regimentszugehörigkeit bei der Taufe auf das Kissen gelegt werden.

Diese Verhältnisse dauerten 20 Jahre an.

Da die Zustände immer unhaltbarer wurden, blieb dem König schließlich nichts anderes übrig, als einen Generalpardon (Amnestie) für alle Ausreißer und Desertierte zu erlassen, um sie zur Rückkehr nach Preußen zu bewegen. Ausländische Manufakturarbeiter sollten durch ein striktes inländisches Werbeverbot wieder zur Einwanderung veranlaßt werden.

Das Ersatzwesen für das Heer wurde durch das Kantonreglement vom 1.Mai 1733 neu geregelt. In gewisser Weise war dieses Gesetz ein Vorläufer der allgemeinen Wehrpflicht.

Es wurden alle Feuerstellen, d.h. Haushalte, gezählt. Danach wurde jedem Regiment ein Bezirk mit einer bestimmten Zahl von Haushalten zugewiesen. Nur aus diesem Bereich durften neue inländische Rekruten in die jeweilige Einheit aufgenommen werden.

Der Enrollierung (Einschreibung) in die Kantonslisten war die gesamte männliche Bevölkerung vom zehnten bis zum 25. Lebensjahr unterworfen. Söhne von Adligen und Offizieren waren ausgenommen, da sie obligatorisch ins Kadettenkorps aufgenommen wurden.

Die Söhne von Bürgern mit einem Vermögen von mehr als 10 000 Talern waren von der Einschreibepflicht befreit. Auch Bürger und Bauern, die Haus und Hof besaßen, wurden zum Heeresdienst nicht herangezogen. Die erste Generation von Kolonisten und die Beschäftigten bestimmter Industrien, Geistliche und königliche Beamte wurden auch nicht behelligt.

Die Dienstzeit betrug üblicherweise 20 Jahre.

Bis 1806 waren jedoch die Ausländer in der preußischen Armee mehrheitlich vertreten. Das änderte sich erst mit der Einführung der allgemeinen Wehrpflicht im Zuge der Befreiungskriege gegen die napoleonische Fremdherrschaft.

Auch das war preußische Kavallerie –
Bosniaken (Mitte 18. Jahrhundert)

2.2 Das Offizierskorps

Anders als die einfachen Soldaten dienten die Offiziere freiwillig im Heer. Ober- und Unteroffiziere waren Angehörige des gleichen Standes, nämlich des Adels. Sie unterschieden sich nur durch die Art ihrer Funktionen im Heer. Die Zurechnung der Unteroffiziere zu den Mannschaftsdienstgraden erfolgte erst in späterer Zeit.

Das Offizierskorps war die tragende Säule der preußischen Armee. Von den Offizieren wurde die völlige Hingabe an den Dienst erwartet. Dieser Idealismus wurde durch eine hervorgehobene Stellung im Staat belohnt. Das Protokollreglement vom 16.Februar 1723 belegt zwar, daß die Beamten auch ihren Platz in der Gesellschaft hatten. Der Wirkliche Geheime Rat rangierte danach vor dem Generalleutnant, der Kammergerichtsrat oder Regierungsrat vor dem Oberstleutnant. Die Zugehörigkeit zum Offizierskorps wog im öffentlichen Ansehen aber schwerer. Darauf baute das Zusammengehörigkeitsgefühl der Offiziere untereinander, aber auch mit dem König auf. Nicht ohne Grund gewährte dieser dem Secondeleutnant ebenso Audienz wie dem Generalfeldmarschall. Es hatte einen tieferen Sinn, daß Friedrich II. , der Alte Fritz, seit er König war, fast ständig eine Uniform trug, die keine Rangabzeichen kannte. Vom Leutnant bis zum König trugen alle Offiziere die gleiche Uniform. Klarer kann man eine Wertegemeinschaft kaum ausdrücken. Für die Ehre, dieser Gemeinschaft angehören zu dürfen, setzte der Offizier Gesundheit und Leben aufs Spiel.

Während des Siebenjährigen Krieges wurden wegen der

hohen Verluste an Offizieren auch Bürgerliche zu Offizieren ernannt. Nach dem Ende des Krieges wurden diese jedoch schnell durch kriegsunerfahrene Adlige aus dem In- und Ausland ersetzt. Es gab nur einige Ausnahmen. Diese wenigen verbliebenen bürgerlichen Offiziere wurden später nobilitiert (in den Adelsstand erhoben).

Es war aber wohl nicht Standesdünkel, was den König zum Austausch der bürgerlichen Offiziere bewog. Dagegen spricht der Respekt, den er ihnen während des Krieges entgegen gebracht hatte. Er bevorzugte den Adel wohl aus Gründen der Staatsräson, weil für ihn, nach dem Denken der Zeit, die ethischen Prinzipien des selbstlosen Dienens um der Ehre willen beim Adel am ehesten gegeben waren. Er sah die Garantie dafür, daß sich dieser Geist erhielt und fortlebte in der Geschlossenheit dieses Standes, der sich nur aus in gleicher Anschauung aufgewachsenen und erzogenen Menschen ergänzen sollte. Die Zulassung bürgerlicher Offiziere hätte die Stabilität des gesamten Gefüges gefährdet.

Im privaten Leben bedeutete der Militärdienst häufig den Verzicht auf Ehe und Familie. Der König sah seine Offiziere am liebsten unverheiratet. Er meinte, daß seine Offiziere durch die Ehe nur von ihren Dienstpflichten abgelenkt würden. Außerdem war ihm die spätere Versorgung von Hinterbliebenen zu kostspielig.

Ein Offizier, der heiraten wollte, mußte vorher beim König die Erlaubnis einholen. Bestenfalls so genannte gute Partien wurden manchmal gnädig genehmigt. Von Friedrich II. sind manche Geschichten und Anekdoten überliefert, wie er heiratswillige Offiziere abfertigte. Die Anträge der Offiziere auf Heiratskonsens wurden von Friedrich

II. auf die unterschiedlichste Art beantwortet, manchmal humorvoll, mitunter aber auch grob und zynisch. An den General von Bronikowski schrieb er 1746:

> *Ich gebe Euch auf Eure Vorstellung wegen der Versorgung Eurer Schwester durch eine Heirat mit dem Cornet von Zmiewsky zur Antwort, daß die Husaren nicht durch die Scheide, sondern durch den Säbel ihr Glück machen müssen.*"

Ein Major, der ein Fräulein von Kummer heiraten wollte, erhielt dagegen die Antwort:

> *Der Mensch hat schon Kummer genug, wozu will er sich neuen auf den Hals laden? Indeß habe ich nichts dagegen.*"

Die Zahl der verheirateten Offiziere war sehr gering. Für 1752 weist die Stammliste der Berliner Garnison 463 Offiziere aus. Nur 54 von ihnen waren verheiratet.

Offiziere, die ohne Erlaubnis heirateten, mußten mit harten Strafen rechnen. Auch unter späteren Königen durfte nur mit Genehmigung geheiratet werden.

Während der Regierungszeit von Friedrich II. hatte ein Major von Born ohne Erlaubnis geheiratet. Wegen dieses Vergehens sollte er auf königliche Order in der Festung Spandau inhaftiert werden. Zusammen mit seiner jungen Frau flüchtete er und fand im Grunewald bei dem damaligen Förster Paul Asyl. Durch Friedrich Wilhelm II. wurde er bei dessen Regierungsantritt amnestiert. Diesen Geschehnissen verdankt im Grunewald das heutige „Gasthaus Paulsborn" seinen Namen.

In den Anfängen des stehenden Heeres wurden noch viele ausländische Offiziere, oftmals Abenteurer unbekannter Herkunft, aufgenommen, weil es aus dem ansässigen Adel nicht genug Bewerber gab. Erst nach und nach wurden diese Stellen mit Adligen besetzt, die im Lande seßhaft waren, im Kontakt mit der Bevölkerung lebten und ihren Rückhalt im Grundbesitz hatten. Erwähnen möchte ich in diesem Zusammenhang, daß der preußische Adel bis weit in das 19. Jahrhundert hinein nicht kommerziell tätig sein durfte. Es sei denn, man lebte von den Erträgen seiner Güter, wurde Beamter oder Soldat. Eine nicht standesgemäße Lebensführung führte unweigerlich zum Verlust aller Standesprivilegien.

Im 17. Und auch im 18. Jahrhundert war es beim Adel noch üblich, dort Waffendienst zu leisten, wo das meiste gezahlt wurde. Erstmals durch Friedrich Wilhelm I. wurde die Aufnahme des Kriegsdienstes im Ausland verboten. Weiterhin erließ er die Anordnung, daß der Adel seine Söhne im Alter von 12 bis 18 Jahren zur Ausbildung und Erziehung in das neu geschaffene Kadettenkorps zu geben habe. Als manche Eltern dieser Aufforderung nicht gleich nachkamen, ließ er deren Söhne durch Polizeireiter holen. Somit wurde der Adel, ähnlich den einfachen Bauern oder Bürgern, einer Dienstpflicht unterworfen. Als Offizier wurde ein Adliger von Friedrich Wilhelm I. als Angehöriger des gleichen Standes behandelt.

Um die Bildung der Offiziere, wie des Adels allgemein, war es lange Zeit sehr schlecht bestellt. Erst nach den Befreiungskriegen hob sich der Bildungsstand der Offiziere deutlich.

In den Anfängen des stehenden Heeres sah es schlimm

aus mit Bildung und Kenntnissen der jungen Adligen. 1769 kam eine Anzahl von pommerschen Junkern in Berlin an, um im Kadettenkorps aufgenommen zu werden. Mit Schrecken wurde festgestellt, daß nicht einer von ihnen lesen und schreiben konnte. Vor dem Siebenjährigen Krieg sah es aber auch schon so aus. Als der Kommandeur des Kadettenkorps sich über die geringe Bildung beschwerte, veranlaßte das den König zu der Äußerung, daß es wohl höchste Zeit war, diese jungen Leute von zu Hause wegzuholen, weil sie sonst gänzlich verbauert sein würden.

Bezeichnend ist auch eine Redewendung aus dieser Zeit:

Im Frühjahr wird alles auf Grasung getrieben, im Herbst wieder eingefangen und sortiert, was Borsten hat kommt in den Schweinestall, was Haare hat, hingegen ins Kadettenkorps.

Besonders unter den Offizieren, die zur Zeit des Soldatenkönigs in das Heer eingetreten waren, galt eine gediegene Bildung und das Vorhandensein von Kenntnissen schon fast als Schmach. Von dem Kommandeur eines Kürassierregiments sagte der Kronprinz, daß man es wohl kaum merken würde, wenn dieser Offizier einmal seinen Geist aufgäbe.

Mit dem Regierungsantritt Friedrichs II. begann im Offizierskorps sich allmählich das Streben nach Bildung durchzusetzen. Eine große Zahl Ungebildete und Originale gab es unter den Offizieren aber weit über seine Regierungszeit hinaus. Selbst unter den Generalen gab es etliche, die mit Lesen und Schreiben auf Kriegsfuß standen.

Einen Eindruck vom Bildungsstand so manchen Offiziers gibt ein Bericht des Potsdamer Feldpredigers Lafontaine. Dieser hatte vor Offizieren des Regiments „von Thadden" einen Vortrag zur Geschichte der Antike gehalten. Im Anschluß daran kam ein Kapitain zu ihm und meinte, daß er doch gar nicht all diese Dinge wissen könne, da er doch nicht dabei gewesen wäre. Lafontaine erwiderte, daß er sein Wissen aus Büchern habe, die von Zeitgenossen seien, die die Ereignisse aufgeschrieben hätten. „Kurios", soll der Kapitain geantwortet haben, „ich habe gedacht, es wäre immer so gewesen wie im Preußischen."

Im Umgang miteinander herrschten im Offizierskorps rauhe Sitten, die es mit sich brachten, daß so mancher Ehrenhandel ausgetragen wurde, der oftmals Leben und Gesundheit der Beteiligten kostete. Nach dem Ehrenkodex der Zeit, mußte eine tatsächliche oder vermeintliche Kränkung mit der Waffe beantwortet werden. Trotz aller Verbote und Strafandrohungen hielt sich diese Unsitte bis weit in das 19. Jahrhundert hinein.

Allmählich begann die Ausbildung des Offiziersnachwuchses durch das Kadettenkorps zu wirken.

Die Anfänge einer Ausbildung für angehende Offiziere gehen auf den Großen Kurfürsten zurück. 1653 wurde auf sein Betreiben in Kolberg in Pommern eine Ritterakademie gegründet, in der der militärische Nachwuchs im Exerzieren, Reiten, Fechten, Tanzen, Kriegsbaukunst, Mathematik und Französisch unterrichtet wurde. Die Schüler wurden Kadetten genannt.

Das französische cadet (altfranzösisch capdet)kommt vom mittellateinischen caputellum, einer Verkleinerungsform von caput, also: das Köpfchen, das Kerlchen. Cadets wurden im Frankreich des 17. und 18. Jahrhunderts die jüngeren Söhne adliger Familien genannt, die nicht erbberechtigt waren. Sie wurden nach Möglichkeit im Klerus oder beim Militär untergebracht. Die den Offiziersstand anstrebenden jungen Adligen, die cadets gentilhommes, bewarben sich direkt bei den Regimentern. Ludwig XIV. ließ die cadets in Kompanien zusammenfassen, um eine bessere Ausbildung zu erreichen und um sie dem möglichen schlechten Einfluß älterer Soldaten zu entziehen. Der Name cadets ist dann allgemein auf den jugendlichen Offiziersanwärter übertragen worden und fand auch Eingang in den Sprachgebrauch anderer Armeen. Im Kurfürstentum Brandenburg wurde er durch die Hugenotten eingeführt. Aus den Reihen dieser Glaubensflüchtlinge bildete der Große Kurfürst nach französischem Vorbild 1686 die erste Kadettenkompanie. Eine zweite aus märkischen Junkern folgte 1688. Sie wurden verschiedenen Regimentern zugeteilt. Zur Unterscheidung von den Zöglingen der Ritterakademie hießen diese Offiziersanwärter Regimentskadetten.

Der eigentliche Vater des preußischen Kadettenkorps aber war Friedrich Wilhelm I. Auf seine Veranlassung ist 1717 das „ Königlich Preußische Corps der Cadets" errichtet worden. Friedrich der Große vergrößerte es und führte neue Erziehungsgrundsätze ein. Besonders wurde jetzt die wissenschaftliche Ausbildung gefördert. Körperliche Strafen wurden untersagt. 1809 verfügte Friedrich

Wilhelm III. die Öffnung des Korps für die Söhne nicht-adliger Offiziere, später auch für Bürger.

1914 gab es schließlich in Preußen acht Kadettenhäuser (Voranstalten) und eine Hauptkadettenanstalt in Lichterfelde bei Berlin (jetzt Sitz des Bundesarchivs). Die Zöglinge im Alter von zehn bis 15 Jahren erhielten in den Voranstalten und später in der Hauptkadettenanstalt außer der Vorbereitung auf den militärischen Beruf eine Schulbildung, die, wie in einem Realgymnasium, mit dem Abiturientenexamen abgeschlossen werden konnte. Der Übergang in einen anderen Beruf stand frei.

Die Kadetten traten in der Regel als Fähnriche in die Armee ein.

Bei überdurchschnittlichen Leistungen konnten die Kadetten zur Selekta versetzt werden. Dies war eine die Kriegsschule ersetzende Auswahlstufe der Hauptkadettenanstalt. Die „Selektaner" kamen nach einem Jahr als Leutnante zu ihren Regimentern.

Unter Friedrich Wilhelm I. wurden ca. 1400 Kadetten in die Armee entlassen, bei Friedrich II. waren es etwa 2900. Ihre einheitliche Erziehung trug wesentlich dazu bei, den alten calvinistischen Grundsatz der absoluten Pflichterfüllung lebendig zu erhalten. Durch die Absolventen der Kadettenanstalt wurde zudem der Bildungsstand der Offiziere positiv beeinflußt. Viele Offiziere beschäftigten sich schriftstellerisch oder künstlerisch. Ein Beispiel dafür ist Ewald von Kleist, ein entfernter Verwandter des später geborenen Heinrich von Kleist, der zu seinen Lebzeiten viel beachtet wurde und ein umfangreiches literarisches Werk hinterlassen hat. Im 19. Jahrhundert wurde er auch der Theodor Körner des Siebenjährigen Krieges genannt.

Er stand in Verbindung mit Gleim, Gottsched, Spalding, Gellert, Nicolai und Lessing. Als Ewald von Kleist 1759 an den Verwundungen aus der Schlacht bei Kunersdorf starb, würdigte ihn Lessing mit einem Epigramm als Grabschrift:

„ O Kleist! Dein Denkmal dieser Stein?
Du wirst des Steines Denkmal sein."

Kleist hat in seinen Briefen oft die Härte und die Eintönigkeit des Dienstes beklagt. Den Pflichten seines Standes hat aber auch er sich nicht entzogen, denn das hätte den Verlust der Ehre bedeutet. Der preußische Offizier diente aus Überzeugung. Theodor Fontane umschrieb diese Lebensform später mit der Formel: „Dienen in Freiheit". Dieses Dienen in Freiheit bedeutete jedoch auch, sich vom Gehorsam loszusagen, wenn der als herabwürdigend empfunden wurde. Ein Beispiel dafür war der Oberstleutnant von der Marwitz, der sich weigerte auf Befehl des Königs im Siebenjährigen Krieg das Schloß Hubertusburg zu plündern. Ein weiteres Beispiel gab der General Graf York von Wartenberg, der gegen den Willen von Friedrich Wilhelm III. mit den Russen 1812 die Konvention von Tauroggen abschloß.

Friedrich II. in der Schlacht von Zorndorf am
25. August 1758

2.3 Ausländer in der brandenburgisch – preußischen Armee

Auch nach der Errichtung eines stehenden Heeres in Brandenburg-Preußen war der Anteil der Ausländer sehr hoch. Dies lag zum einen daran, daß aus dem Inland nicht genügend waffengeübte Männer zur Verfügung standen, vor allem aber daran, daß nach dem Dreißigjährigen Krieg weite Landstriche verödet und ganze Städte und Dörfer entvölkert waren.

Im Jahr 1740 bestand das preußische Heer zu einem Drittel aus Ausländern. Dieser Anteil sollte nach einem Reglement aus dem gleichen Jahr auf zwei Drittel erhöht werden. Das Ergebnis war, daß 1751 von 133 000 Mann rund 83 000 (63 %) Ausländer waren. 1768 waren es von 160 000 Mann etwa 90 000 (57%). Beim Tode Friedrichs II. im Jahr 1786 waren von 190 000 Mann 110 000 (58%) Ausländer. In Kriegszeiten änderte sich dieses Verhältnis allerdings, weil der Ersatz für getötete oder verwundete Soldaten möglichst schnell erfolgen mußte. Nunmehr wurde verstärkt auf Inländer zurückgegriffen. Dies belegt die Bestandsaufnahme von 1763 am Ende des Siebenjährigen Krieges. Bei der Infanterie befanden sich 69 806 Inländer und 29 420 Ausländer. Somit betrug der Ausländeranteil zu diesem Zeitpunkt 29 %.

Die Anwerbung erfolgte durch Werbekommandos, hauptsächlich in Mittel- und Süddeutschland. Die meisten Ausländer waren daher deutscher Herkunft. Als Beispiel möchte ich das Infanterieregiment Nr. 10 aus Herford anführen. 1751 waren an Nichtpreußen in der

Regimentsrolle eingetragen: 526 Deutsche, 6 Franzosen, 2 Italiener, 10 Ungarn, 4 Polen und 4 Engländer.

Die Körpergröße der Angeworbenen durfte wegen der Länge der Muskete (1,56 m) und wegen der gewünschten möglichst großen Schußweite, ein bestimmtes Maß nicht unterschreiten. Es war daher abzusehen, wann die Nachbarländer nach großen, zum Militärdienst bereiten Leuten durchkämmt sein würden. Um dennoch Erfolg zu haben, griffen die Werber zu List, Gewalt und Alkohol. Diese Methoden trugen der preußischen Armee einen schlechten Ruf ein. Viele der mit Hilfe von Alkohol Geworbenen korrigierten ihre im Rausch getroffene Entscheidung durch Desertion. Auch diejenigen, die freiwillig den preußischen Werbetrommeln folgten, faßten den Entschluß Soldat zu werden oftmals nicht aus Freude am militärischen Leben. Erfüllten sich ihre Erwartungen nicht, waren ihre Bestrebungen ebenfalls auf Flucht ausgerichtet. Hessen pflegte zum Tode verurteilte Verbrecher durch den Dienst in seinem preußischen Regiment zu begnadigen. Daß solche Soldaten wenig Begeisterung zeigten und auf Flucht sannen, liegt auf der Hand. Durch Desertion verlor die preußische Armee von 1713 bis 1740 die gewaltige Zahl von 30 216 Soldaten.

Es wurden eine ganze Reihe von Maßnahmen ergriffen, um die Flucht von Soldaten zu verhindern. Dazu gehörte die Unterbringung von unzuverlässigen Soldaten mit vertrauenswürdigen Kantonisten und die Ausgabe von Urlaubs- und Kommandierungsschreiben, wenn sich der Soldat weiter als eine viertel Meile vom Standort entfernen wollte. Auf Verlangen mußte diese Bescheinigung jeder Person vorgezeigt werden. Außerdem wurde an den Stadttoren jede ausreisende Person von den Wachen genauestens überprüft.

Am wirksamsten war das ausgefeilte Verfolgungssystem. Es begann mit einem Kanonenschuß, dem das Läuten der Sturmglocken in den benachbarten Dörfern folgte. Ein Offizier machte sich mit einem ständig gesattelt bereitstehenden Pferd unverzüglich auf die Verfolgung des Flüchtlings. Die Bauern der Umgebung waren verpflichtet, bei der Suche nach dem Deserteur behilflich zu sein. Deren Eifer wurde durch ein Kopfgeld in Höhe von 12 Talern, ein für die damalige Zeit nennenswerter Betrag, angespornt. Die stark zurückgehende Zahl von Desertionen belegt den Erfolg dieser Maßnahmen. 1713 desertierten 8 % der Soldaten, 1740 waren es noch 0,2 %.

Wie es beim Militär zuging, beschreibt Karl Friedrich Klöden, der erste Direktor der Berliner Gewerbeschule, der als Sohn eines preußischen Unteroffiziers seine Kindheit in einer Berliner Artilleriekaserne verbracht hat, in seiner Autobiografie:

„ Fast waren die verheirateten Frauen in der Kaserne schlimmer als die Männer. Mit ihnen mußte meine Mutter nun in einem Hause wohnen, mit ihnen umgehen! Denn es gab mehrere verheiratete Unteroffiziere, mit denen und deren Frauen man wenigstens auf erträglichem Fuße stehen mußte, wenn man das Schicksal der Eule unter den Krähen teilen wollte. Mit einigen, den Unteroffizieren und Feuerwerkern Gutmann, Walz, Josephi etc. und deren Frauen ließ sich auch umgehen, da sie ordentliche Leute waren und eine gewisse Bildung besaßen. Bei den übrigen war davon wenig die Rede. Am unangenehmsten war folgende Einrichtung:

Jeder verheiratete Unteroffizier erhielt zur Wohnung in der Kaserne eine Stube und eine Kammer. In die Letztere wurden ihm zwei der schlimmsten Ausländer, denen man am wenigsten trauen durfte, unter dem Namen von Schlafburschen gelegt, die er überwachen mußte, und für die er verantwortlich war. Desertierte ein solcher Kerl, so hatte der Unteroffizier 1000 Sorgen und Ängste auszustehen, und hatte er sich im geringsten nachlässig gezeigt, so wurde er hart bestraft. Er hatte dafür zu sorgen, daß sie des Morgens pünktlich aufstanden und des Abends pünktlich um neun im Bette waren, aus dem sie nicht herauskonnten, weil sie durch sein Zimmer gehen mußten. Ertönte des Abends die Lärmkanone, was im hohen Sommer, wenn das Getreide Ähren hatte, jeden Abend mehrmals geschah, so war dies ein Zeichen, das ein Soldat desertiert sei. Dann mußte ein jeder Unteroffizier seine Mannschaft genau revidieren..."

An anderer Stelle beschreibt Klöden zu welchem Fatalismus und zu welcher Verzweiflung die Zustände viele Soldaten trieb:

„Einer von den Schlafburschen meines Vaters war ein Pole, der nur gebrochen deutsch sprach, ein gutmütiger Kerl, sonst aber ein halbes Tier. Mit mir machte er sich viel zu tun, und ich hatte ihn gerne. Gar sehr oft war er so „sternhagelvoll" betrunken, daß er kein Glied rühren konnte, auf dem Flur umfiel und brüllte oder einschlief. So lag er stundenlang, und wenn er den Rausch ausgeschlafen hatte, gab es grimmige Hiebe, die ihn nicht besserten. Er war auch wegen Diebereien mehrfach Spießruten gelaufen und behauptete, das wäre von Zeit zu Zeit einem Menschen nötig, weil die

Haut sonst jucke. Eines Tages äußerte er: „Juckt mir wieder mein Puckel so sehr, muß schröpfen lassen", und gleich darauf stahl er eine Kleinigkeit, wonach dann der gehoffte Erfolg nicht ausblieb.

Solch ein Wesen war wirklich entmenscht und mußte es durch die unmenschliche Behandlung immer mehr werden. Man hat jetzt kaum eine Vorstellung von den Subjekten, welche damals unter den Soldaten steckten, aber ebensowenig von der Behandlung, die ihnen zuteil wurde. Nicht selten vermochten sie bei aller Gewöhnung an die unwürdigste Mißhandlung das Leben nicht mehr zu ertragen und schnitten sich den Hals ab, aber fast alle nicht tief genug. Dann wurde die schmerzhafte Wunde zugenäht und geheilt, und war der Mensch wieder gesund, so mußte er zwölfmal Spießruten laufen. Welch eine Lust zu leben dadurch erweckt wurde, kann man sich denken. Manche ergriffen den Ausweg und töteten ein Kind in der Verzweiflung, um als Mörder ergriffen und hingerichtet zu werden, und dies gehört nicht zu den ungewöhnlichen Fällen, ja, ich selber bin einmal, wie mir meine Mutter erzählt hat, einer solchen Gefahr kaum entgangen..."

Die öffentlich vorgenommenen Bestrafungen führten dazu, daß das Ansehen der Armee in der Bevölkerung immer mehr sank. Dies besserte sich erst nach der Einführung des Kantonsystems. Die Regimenter behielten stets die gleichen Kantone. Dadurch dienten oft ganze Dörfer im selben Regiment. Durch die persönliche Bekanntschaft der Soldaten untereinander und bestehende soziale Bindungen verbesserte sich die Disziplin in diesen Einheiten beträchtlich. Übertretungen wurden aber auch hier mit brutaler Härte bestraft.

In einem Berliner Regiment stammten beispielsweise die Soldaten von sieben Kompanien aus der Zauche, weshalb in wendischer Sprache kommandiert wurde.

Eine romanreife Vorgeschichte hatte eine ursprünglich nur aus Ausländern bestehende Kavallerieeinheit der preußischen Armee, die Bosniaken.

Diese Geschichte beginnt in Sachsen. August III., Kurfürst von Sachsen und König von Polen, war auf die Idee gekommen, wegen der seit den Türkenkriegen in Deutschland noch immer weit verbreiteten Türkenangst, eine türkische Kavallerie zu errichten, von der er sich großen Erfolg versprach. Er beauftragte den Kammerherrn von Osten damit, in Polen und Rußland 4 000 Leute anzuwerben, die nach ihrem Aussehen als Türken gelten konnten. Von Osten nahm in Polen mit einem albanischen Juwelier namens Stephan Serkis Verbindung auf. Serkis hatte sich wegen schlecht gehender Geschäfte auf die Vermittlung von Soldaten verlegt. Hierbei war er auch sehr erfolgreich, denn innerhalb kurzer Zeit hatte er gegen das Versprechen reicher Beute und eines großzügigen Handgeldes eine ansehnliche Zahl von Leuten zusammengebracht. Es handelte sich dabei im wesentlichen um Strauchdiebe und Abenteurer, aber das war nicht wichtig. Am vereinbarten Treffpunkt in Warschau gab es aber eine böse Überraschung. Der Kammerherr von Osten hatte sich in der Zwischenzeit in Warschau amüsiert und die Löhnung in den Spielsalons unter die Leute gebracht. Serkis mußte nun mit seiner Truppe woanders unterkommen. Er sprach in Preußen vor und wurde in Sold genommen.

Am 17. Juli 1745 meldete der Husarengeneral von Dieury aus Züllichau die Ankunft dieser Truppe.

Im preußischen Heer diente auch eine erhebliche Zahl ausländischer Offiziere. Selbst in der Generalität waren sie stark vertreten. Ihre Herkunft stellt sich wie folgt dar:

Polen	11
Kurland	8
Frankreich	8
Österreich	6
Ungarn	6
Schweiz	5
Niederlande	3
England	3
Schweden	2
Flandern	1
Rußland	1

Aus anderen deutschen Ländern kamen:

Sachsen	5
Franken	7
Bayern	1
Rheinland	24
Holstein/Mecklenburg	11

Insgesamt waren 20 % der Generale der preußischen Armee nichtpreußischer Herkunft.

Während der Kriege, die Friedrich II. führte, wurde auch eine Reihe ausländischer Abenteurer ins Offizierskorps aufgenommen. Eine der schillerndsten Figuren war Quintus Icilius. Sein eigentlicher Name lautete Carl

Theophilus Guichard. Er entstammte einer französischen Familie, die aus Glaubensgründen aus Frankreich vertrieben wurde. Er hatte an verschiedenen Universitäten in Europa studiert und war anschließend als Offizier in holländischen Militärdienst getreten. Als sein Regiment abgedankt wurde, erhielt er ein Wartegeld (Abfindung) und ließ sich in Magdeburg nieder. Dort verfaßte er ein zweibändiges militärwissenschaftliches Werk, daß er dem Preußenkönig widmete. Durch die Vermittlung des Herzogs von Braunschweig gelang es ihm, in die preußische Armee aufgenommen zu werden und bald gehörte er der königlichen Suite an. Er wurde zum Major befördert und zum Flügeladjutanten ernannt. Als Bürgerlicher wurde er von den anderen Offizieren geschnitten. Er bat deshalb den König darum, seinen alten elsässischen Adel zu erneuern, dem er angeblich angehörte. Diesem Wunsch kam der König nicht nach. Einen neuen Namen erhielt er dennoch.

Bei einem Gespräch über die Kriegsgeschichte der Antike kam man auf einen Offizier Caesars zu sprechen, dessen Namen der König mit Quintus Caecilius angab. Guichard verbesserte ihn und meinte das wäre der Tribun Quintus Icilius, was auch richtig war. Dieser Tribun soll der Überlieferung nach ein äußerst rechthaberischer Mensch gewesen sein. Friedrich II. meinte, daß Guichard genauso rechthaberisch sei wie dieser Tribun. Deshalb wurde Guichard von ihm nur noch Quintus Icilius genannt. Unter diesem Namen wurde er auch Kommandeur eines Freibataillons und so steht er auch in den Geschichtsbüchern, aber nicht wegen besonderer Heldentaten, sondern wegen der Plünderung des Schlosses Hubertusburg.

Im Oktober 1760 war Berlin zum zweiten Mal von russischen, österreichischen und sächsischen Truppen besetzt worden. Dabei wurde auch das Schloß Charlottenburg geplündert und verwüstet. Eine umfangreiche dort befindliche Antikensammlung, die Friedrich II. von dem Kardinal Polignac gekauft hatte, wurde völlig vernichtet. Die sächsischen Truppen hatten sich dabei besonders hervorgetan. Als Repressalie befahl Friedrich II. mit dem Lieblingsschloß des „Königs der Polen" genauso zu verfahren. Den Befehl dazu erhielt der General von Saldern. Doch dieser verweigerte unter Hinweis auf Ehre und Eid den Befehl.

Auch der Kommandeur der Gens d'arms, eines Eliteregiments, Oberstleutnant von der Marwitz verweigerte den Befehl.

Erst Major Quintus Icilius war bereit, mit seinem Bataillon diesen Befehl auszuführen - und er führte ihn gründlich aus. Außer dem Gebäude blieb nichts übrig. Der ihm verbleibende Anteil des Plünderungserlöses erlaubte ihm später eine luxuriöse Lebensführung.

Wenn wir von Ausländern in der brandenburgisch-preußischen Armee sprechen, denken wir zumeist an Menschen aus anderen europäischen Staaten. Es gab aber auch Farbige unter den Soldaten dieser Armee, wenn auch in geringer Zahl und nur bei der Militärmusik.

An vielen Höfen Europas war es im 17. Jahrhundert Mode geworden, Mohren, so nannte man Schwarzafrikaner zu dieser Zeit, als Trommler, Pauker und Cymbalisten bei den höfischen Kapellen zu verwenden. Auch in Brandenburg-Preußen folgte man dieser Mode. Der Große Kurfürst ließ zu diesem Zweck aus der Kolonie

Groß-Friedrichsburg „Neger beschaffen", die, pittoresk gekleidet, bei Hofe „Türkische Musik" machten.

1683 wurde durch Major Otto Friedrich von der Groeben an der Goldküste im heutigen Ghana, am Cabo tris Puntas, die besagte Kolonie Groß-Friedrichsburg gegründet. Es wurden Schutzverträge mit verschiedenen Stammeshäuptlingen abgeschlossen und die Festung Groß-Friedrichsburg errichtet.

Im Zuge der kolonialen Ambitionen Brandenburg-Preußens wurde außerdem 1685 ein Teil der dänischen westindischen Insel St. Thomas erworben. Diesem Schritt folgte noch die Besetzung der Insel Arguin vor der mauretanischen Küste.

Die merkantilistischen Hoffnungen erfüllten sich aber nicht, weil Seeräuber und die kolonialen Konkurrenten einen wirtschaftlichen Erfolg verhinderten.

König Friedrich Wilhelm I. beendete schließlich diese kostspieligen kolonialen Versuche und verkaufte am 13. August 1720 die überseeischen Besitzungen für 7200 Dukaten und 12 Mohren an die Holländisch-Westindische Kompanie.

Der Kommandant der Festung Groß-Friedrichsburg, der einheimische Häuptling Jan Couny, glaubte nicht an diesen Verkauf. Er fühlte sich durch seinen Treueid auf den preußischen König gebunden und verteidigte noch fünf Jahre lang Groß-Friedrichsburg gegen die neuen niederländischen Besitzer. Erst als alle Munition verschossen war, ließ er das Fort räumen und zog sich in den Urwald ins Landesinnere zurück.

Die als Kaufpreis erhaltenen „Mohren-Sklaven" wurden in Berlin in der noch heute nach ihnen benannten Moh-

renstraße einquartiert. Auf Befehl Friedrich Wilhelms I.
wurden sie zu Regimentsmusikern ausgebildet. Einer von
ihnen, „Monsier Oliver", durfte mit königlicher Erlaubnis
im Lustgarten eine Kaffeestube für Offiziere betreiben.

Friedrich II. bestimmte, daß die „Mohren-Musiker" der
Artillerie zugeteilt wurden. Diese Kapelle fuhr auf einem
Paukenwagen und erregte mit ihrer „Janitscharenmusik"
1744 beim Durchmarsch durch Prag großes Aufsehen.

Noch bis zum 1. Weltkrieg gab es bei einigen preußischen Regimentern Farbige unter den Musikern.

Preußische Gardeinfanterie 18. Jahrhundert

2.4 Disziplinarwesen und Militärgerichtsbarkeit

Ein wesentlicher Faktor der Aufrechterhaltung der Disziplin in den Heeren der frühen Neuzeit waren die Abschreckung bezweckenden strengen Körperstrafen. Sie hatten ihre Begründung im Reichsrecht der peinlichen Gerichtsordnung Karls V., der „Carolina" von 1532. Nicht selten endete eine solche Bestrafung mit dem Tode des Delinquenten.

In einer Kriegsrechtsordnung von 1542 wird erstmals die Strafe des Spitz- oder Spießrutenlaufens erwähnt. Andere Körperstrafen, wie Pfahlstehen, Eselreiten, Holztragen und Krummschließen, wurden zum Ende des 18. Jahrhunderts hin seltener angewendet. Sie bestanden aber noch offiziell in Preußen bis zur Reorganisation des Heeres im Jahre 1808.

Höhere Chargen (Unteroffiziere und Junker) erhielten statt des Stockes die „Fuchtel", eine Prügelstrafe mit der flachen Degenklinge.

Am 3. August 1808 erging die „Verordnung wegen der Militair – Strafen", mit der die Körperstrafen weitgehend abgeschafft wurden und der die anderen deutschen Staaten sukzessive folgten (Österreich erst 1867).

Die preußischen Soldaten, Reservisten, deren Angehörige und das gesamte Armeegefolge unterstanden der Militärgerichtsbarkeit. Über alle Streitigkeiten zwischen diesen Personengruppen entschieden Militärgerichte. Auch die Klagen von Zivilisten gegen Militärpersonen wurden von diesen Gerichten verhandelt. Solche Verfahren wurden Passivprozesse genannt. Führte aber ein Militärangehöriger Klage gegen einen Zivilisten, waren die ordentlichen Gerichte zuständig, wobei dieses Verfahren dann als Aktivprozess bezeichnet wurde.

Die Militärgerichte waren für alle Streitfälle zuständig, gleichgültig ob geistlichen oder weltlichen Inhalts. Zu den ersteren zählten Angelegenheiten des Militärgottesdienstes, Ehesachen von Offizieren und Mannschaften und Dienstaufsichtsangelegenheiten von Feldpredigern.

In der zweiten, weit wichtigeren Gruppe wurden bürgerliche Streitigkeiten und alle Strafsachen, gleichgültig ob es sich dabei um militärspezifische Delikte wie Befehlsverweigerung oder Wachvergehen oder um allgemeine Straftatbestände handelte, bewertet.

Das Konsistorialgericht war das Kriegsgericht für die geistlichen Fälle. Ihm saß der Generalauditeur vor.

Die weltlichen Fälle wurden je nach der Schwere des Vorwurfs vom General-Kriegsgericht, Oberkriegsgericht oder Unterkriegsgericht verhandelt.

Trotz der auch hier üblichen Rechtsmittel arbeiteten die Militärgerichte in einem beschleunigten Verfahren. Rechtsuchende bei zivilen Gerichten konnten von einer solchen Schnelligkeit nur träumen. Während die ordentlichen Gerichte die Parteien mit sehr langer Prozeßdauer nervten, trafen Kriegsgerichte ihre Entscheidungen in kürzester Zeit. Das führte dazu, daß viele Zivilisten durch Manipulationen oder Strohmänner versuchten, ihre Rechtsstreitigkeiten zu Militärangelegenheiten zu machen.

Üblicherweise begann der Strafprozess vor einem Militärgericht mit dem Arrest des Beschuldigten. Dabei wurden die militärischen Ränge unterschiedlich behandelt. Stabsoffiziere mußten unter Bewachung in ihren Quartieren bleiben. Kapitäne und Subalternoffiziere wurden in der Hauptwache der Garnison festgesetzt. Der einfache Soldat wurde in Eisen gelegt. Der General-Regimentsauditeur subsumierte als juristischer Fachmann in der Hauptverhandlung den Tathergang. Zudem überwachte er die Ordnungsmäßigkeit des Verfahrens. Das Protokoll wurde von Assessoren geführt.

Es wurde allgemein großes Vertrauen in die Objektivität der die Verhandlung führenden Militärs gesetzt, daher waren zivile Advokaten für die Verteidigung des Angeklagten nicht zugelassen. Es war aber möglich, den Auditeur eines anderen Regiments als Rechtsbeistand hinzu zu ziehen. Das Urteil fällte ein sieben bis 13 köpfiges Offiziersgremium, dessen Zusammensetzung sich nach dem Dienstgrad des Beschuldigten richtete. Bei der Festsetzung der Strafe votierte stets der dienstjüngere Offizier vor dem dienstälteren.

Der bekanntlich hohe Anteil an Ausländern erforderte als Gegenmaßnahme zu dem latenten Hang zur Desertion eine Vielzahl von Strafen. Aber auch unter den Einheimischen gab es viele „unsichere" Kantonisten, die man meinte scharf anpacken zu müssen. Die von den Ober- und Unterkriegsgerichten verhängten Strafen waren deshalb hart, teilweise sogar drakonisch. Zur Abschreckung wurden alle Urteile öffentlich vollstreckt. Hier eine kleine Auswahl von Strafen, die bei Unbotmäßigkeiten verhängt wurden:

Dienstvergehen	Sanktion
Antreten zum Appell in 10 x betrunkenem Zustand	Spießrutenlaufen durch 200 Mann
Unerlaubtes Entfernen von der Wache	10 x Spießrutenlaufen durch 200 Mann
Schlafen auf Wache	10 x Spießrutenlaufen durch 200 Mann
Raisonieren gegenüber Vorgesetzten	Spießrutenlaufen
Tätlicher Angriff gegen Vorgesetzte	Tod durch Erschießen
Desertion	erstmalig und im Wiederholungsfall Spießrutenlaufen, beim dritten Mal Tod durch Erhängen
Verbotenes Glücksspiel	Spießrutenlaufen
Prügelei unter Soldaten	Spießrutenlaufen
Rauschtaten	Verdoppelung der Strafe des Grunddelikts

Nachlässige Kontrolle der Pferde durch Unteroffiziere	4 Tage Krummschließen
Unterschlagung von Pferdefutter	12 x Spießrutenlaufen durch 200 Mann
Falscher Rapport durch Unteroffiziere	4 Tage Krummschließen
Selbstverstümmelung	2-3jährige Karre, anschließend Landesverweisung
Versuchter Selbstmord	Karre, bis zu lebenslang
Zusammenrottung	Todesstrafe

Trotzdem muß man sagen, daß in Preußen schon frühzeitig versucht wurde, die schlimmsten Auswirkungen der „Constitutio Criminalis Carolina" von 1532 zu mildern. In Preußen wurde z. B. der zum Tode durch das Rad Verurteilte vor der eigentlichen Vollstreckung verdeckt erdrosselt, um ihm die in den Nachbarländern durchaus noch üblichen viehischen Quälereien beim Zerstoßen der Gliedmaßen zu ersparen.

Die Folter als Mittel der Beweisführung war für Soldaten bereits 1725 abgeschafft worden, lange vor dem Verbot durch Friedrich den Großen.

Auf Fahnenflucht stand nach dem Infanteriereglement von 1743 der Tod durch Erhängen. Ungehorsam mit

Gegenwehr wurde mit Tod durch Erschießen geahndet. Diese Hinrichtungsart galt als ehrlicher Soldatentod. Der Verurteilte hatte das Recht, das sechsköpfige Erschießungspeloton aus seinen Kameraden selbst zusammenzustellen. Die Tötung eines Kameraden wurde mit dem Tod durch das Schwert bestraft. Die gleiche Strafe drohte bei Hochverrat, Zusammenrottung, Notzucht, Bigamie und Ehebruch.

Geringere militärische Delikte, wie Wachvergehen oder Veruntreuung von Ausrüstungsstücken, wurden mit Spießrutenlaufen bestraft. Dies war die für die damalige Zeit typischste Militärstrafe.

Das Spießrutenlaufen geht auf den Schwedenkönig Gustav Adolf zurück. Nach der Auffassung von Gustav Adolf verbot die Religion die Todesstrafe. Die üblicherweise durch den Henker vollzogenen Körperstrafen machten aber den Bestraften, nach dem Verständnis der Zeit, ehrlos und damit für den Kriegsdienst untauglich. Es mußte als ein Kompromiß gefunden werden, dieser war das Spießrutenlaufen. Eine Prügelstrafe von Soldaten an Soldaten vollzogen disziplinierte, machte nicht ehrlos und gefährdete nicht den Mannschaftsbestand.

Beim Spießrutenlaufen sollte der Verurteilte nicht rennen. Deshalb schritt ein Unteroffizier mit „verkehrtem" Sponton (Spieß), dessen Spitze gegen die Füße des Delinquenten gerichtet war, langsam voran. Andere Unteroffiziere überwachten die gassebildenden Soldaten, daß sie mit den vom Profos (Militärpolizist) ausgehändigten angespitzten Ruten auch tatsächlich kräftig zuschlugen. Der Bataillonskommandeur ritt aus dem gleichen Grunde hinter den Reihen auf und ab.

Strafen von mehr als zehnmaligem Gassenlaufen wurden auf mehrere Tage verteilt. 36maliges Gassenlaufen kam einer langsamen Hinrichtung gleich. Begleitet wurde der Strafvollzug mit Trommel- und Pfeifenklang, um die Schmerzensschreie der Verurteilten zu übertönen.

Spießrutenlaufen war eine Strafe nur für die Mannschaften. Auf keinen Fall durfte ein Offizier geschlagen werden. Derartige Darstellungen in Literatur und Film gehören in den Bereich der Fabel und zeugen von tiefer Unkenntnis der Struktur der altpreußischen Armee.

Nicht ganz so schwere Strafen waren das Krummschließen, wobei jeweils Arme und Beine über kreuz mit Lederriemen eng aneinander gefesselt wurden, ferner das Eselreiten auf einem scharfkantigen Holzpferd, das Zucht- und Stockhaus sowie die Zwangsarbeit als Festungsgefangener, die so genannte „Karre". Zudem war die Degradierung von einzelnen Soldaten und auch ganzer Regimenter üblich.

Ehrlos entlassene Soldaten wurden zum „Schelm" erklärt und gebranntmarkt, um sich gegen den Wiedereintritt in die Armee zu schützen. Die Brandmarkung erfolgte durch das Einbrennen eines „S" auf dem Handrücken. Der Betroffene wurde noch einige Tage festgehalten, um eine Manipulation der Brandwunde zu verhindern.

Preußische Gardeinfanterie 19.
Jahrhundert

2.5 Das Entstehen der Kasernen

Bis zum Ende des Siebenjährigen Krieges wohnten die Soldaten ausschließlich in Privatquartieren. Von den Wirten durften sie nicht in ungesunden Dachkammern untergebracht werden, auch nicht in Hinterzimmern, weil sonst das Wecken verschlafen oder der Zapfenstreich überhört werden konnte. In Potsdam war diese Gefahr allerdings gering, weil bereits Friedrich Wilhelm I. dafür gesorgt hatte, daß alle neu gebauten Häuser mit Mansarden zur Straßenseite errichtet werden mußten. An den wenigen unzerstört gebliebenen Häusern aus dieser Zeit sind die Giebelzimmer der Soldaten noch heute gut zu erkennen.

Diese Einquartierungen verursachten aber wenig Freude. Besonders verheiratete Soldaten bedeuteten für die Wirte eine erhebliche Last. Vor allem ältere Soldaten hatten vielfach Familie. Das Heiraten der Soldaten wurde vom König begünstigt, im Interesse der Bevölkerungszunahme und um die im Ausland Geworbenen seßhaft zu machen. Bei der Erteilung der Trauscheine Schwierigkeiten zu machen oder Geld dafür zu fordern, war den Regimentern ausdrücklich untersagt. Besonders in den größeren Garnisonsstädten machten die Soldatenfamilien einen großen Teil der einfachen Bevölkerung aus.

Die Kavallerieregimenter lagen zunächst in Dörfern, wurden dann aber auch in die Städte verlegt. Für diese Entlastung mußten die Dorfgemeinden, ähnlich wie die von Einquartierung nicht betroffenen Hausbesitzer, eine Abgabe entrichten. Da die Kavallerie weitaus attraktiver war als die Infanterie und zudem viele Freiwillige in ihren

Reihen hatte, kam Desertion nur sehr selten vor. Durch die Verlegung hinter die Stadtmauern wurde sie noch zusätzlich erschwert. Nur wenige Kavallerieregimenter bezogen geschlossen Quartier. Die meisten wurden auf mehrere kleine Landstädte verteilt, weil entweder die Stallungen zu klein waren oder weil die benötigten Futtermengen für die Pferde nicht zu beschaffen waren. Man muß bedenken, daß ein Regiment Kavallerie sechshundert Reiter hatte. Hinzu kam noch der gesamte Troß mit Wagen, Feldschmiede, Reservepferden etc., so daß man ein Regiment mit 1 000 Pferden zu veranschlagen hat.

Die Kürassiere garnisonierten in Gegenden mit fruchtbaren Böden, also in der Altmark, im Magdeburgischen und in Schlesien. Die Husaren zogen nach Osten, wo sie Grenzschutzdienst von der Ostsee bis nach Schlesien versahen. Für die Dragoner blieb der Rest des Landes mit Schwerpunkt in Ostpreußen. Der ganze Westen jenseits von Salzwedel hatte zur Zeit Friedrichs des Großen keine Kavalleriegarnison.

Berlin wurde recht früh durch die Maßnahmen Friedrich Wilhelms I. neben anderen Städten zur Kavalleriegarnison. In der Dorotheenstadt lag seit 1720 das Regiment Gensdarmes. Seine Ställe und die darüberliegenden Mannschaftsquartiere befanden sich am Friedrichstädtischen Markt, dem späteren Gendarmenmarkt, etwa dort, wo das später von Schinkel entworfene Schauspielhaus steht. Ein anderer Teil des Regiments garnisonierte in der Lindenstraße südlich der Jerusalemer Kirche. Die Offiziere wohnten bevorzugt am Rondell, dem späteren Belle-Alliance-Platz und heutigen Mehringplatz. Die Gebäude am Gendarmenmarkt behinderten den Zugang zur dort befindlichen Kirche und auch der Stallgeruch war äußerst lästig. Dies führte zu immer wiederkehrenden Beschwerden der Berliner. Erst Friedrich der Große gab dem ständigen Drängen der Bürger nach und verlegte das Regiment hinter die Akademie der Künste. Die alten Gebäude wurden abgerissen und die Berliner waren nicht mehr genötigt zur Kirche durch die Pferdeställe zu gehen. 1740 kam eine Schwadron Garde du Corps hinzu. Zunächst bezogen diese Soldaten Quartier in der Lindenstraße. Zwei weitere Schwadronen lagen später gegenüber dem Charlottenburger Schloß in den heutigen Stülerbauten. Der Rest des Regiments garnisonierte in Potsdam-Wildpark.

Von den Zietenhusaren lag ein Bataillon in der Wilhelmstraße 2-3, der Husarenstraße 10-12, der Feldstraße 7-8 und in der Friedrichstraße 120. Der Chef des Regiments, General Hans Joachim von Zieten, logierte in der Kochstraße 62, in der Nähe des ehemaligen Checkpoint Charlie.

Bis auf das Regiment Gensdarmes, dessen Soldaten größtenteils über den Ställen wohnten, waren die Angehörigen der Kavallerieregimenter jeweils in Gruppen bis zu vier Mann in Privatquartieren untergebracht. Die betroffenen Wirte mußten die Soldaten zwar nicht verpflegen, sie mußten aber Stallungen, Wohnraum zur Straße, Lagerstatt und Beleuchtung zur Verfügung stellen. Den Soldaten und ihren Familien mußte zudem gestattet werden, sich bei schlechtem Wetter in der Stube des Wirtes aufzuhalten. Es ist nachvollziehbar, daß diese „Logiergäste" nicht sehr willkommen waren.

Um Benachteiligungen gegenüber denen auszugleichen,

die keine Soldaten aufnehmen mußten, wurde an die Wirte ein so genanntes Servisgeld gezahlt. Für einen verheirateten Soldaten erhielten sie 14 Groschen am Tag und für einen unverheirateten 10 Groschen. Selbstmietende Offiziere erhielten aus der Serviskasse einen Zuschuß. Die Kosten der Einquartierung eines Regiments konnten daher eine beträchtliche Höhe erreichen. Für das Regiment Gensdarmes betrug des jährliche Servisgeld die für damalige Zeit stolze Summe von 7 707 Talern.

Kurz nach dem Siebenjährigen Krieg wurde in Berlin in der Kommandantenstraße die erste Kavalleriekaserne errichtet, der bald weitere folgten. Sie waren für jeweils 100 Mann konzipiert und sollten in erster Linie die verheirateten Soldaten und ihre Familien aufnehmen.

Die erste Infanteriekaserne wurde 1767 in Prenzlau gebaut. Sie war für 240 Mann gedacht und kostete 10 777 Taler. Im September 1768 genehmigte der König den Bau der zweiten Kaserne. Weitere folgten in Berlin. Parallel dazu wurden in Spandau, Nauen, Neuruppin, Frankfurt/O und Königsberg ebenfalls Truppenunterkünfte gebaut. Auch in diesen Kasernen war die Belegungskapazität auf 240 Mann festgesetzt.

Die Betten waren für zwei Leute eingerichtet. Mannschaften und Unteroffiziere schliefen grundsätzlich getrennt. Die unsicheren Kantonisten wurden in die Quartiere der Unteroffiziere gelegt, um Fluchtgedanken gar nicht erst aufkommen zu lassen. So beschreibt es auch Klöden in seiner Autobiografie.

Die erste Artilleriekaserne für das 1. Feldartillerieregiment wurde 1764 in Berlin gebaut. Sie stand in der Friedrichstraße 107, genau an dem Platz, auf dem sich heute der

Friedrichstadtpalast befindet. Das 2. Artillerieregiment bezog 1765 seine neu erbaute Kaserne am Weidendamm hinter dem Zeughaus. Das 3. Artillerieregiment erhielt 1768 seine Kaserne in der alten Jakobstraße in der Spandauer Vorstadt. 100 Jahre später war dort das Kaiser-Alexander-Gardegrenadierregiment untergebracht.

Unter den Linden 74, unweit des Brandenburger Tores befand sich die Vereinigte Artillerie- und Ingenieurschule. Am Kupfergraben stand die Kaserne der Gardeartillerie.

Preußische Husaren in der
Uniformierung bis 1914

2.6 Das Leben in den Kasernen

In den Kasernen teilte sich ein Verheirateter mit Frau und Kindern und zwei ledigen Soldaten eine Stube. Die Reinigung des Raumes oblag der Frau des Verheirateten. Sie erhielt dafür von jedem Soldaten sechs Groschen im Monat. Diese beengten Wohnverhältnisse führten zu häufigen Konflikten und gewaltsamen Auseinandersetzungen. Diese Lebensumstände werden von Klöden eindrucksvoll beschrieben. Geprügelt wurde nahezu ständig und überall. Prügel waren nicht nur beim Militär sondern auch allgemein in der Gesellschaft ein beliebtes Universalmittel, wenn es galt, erzieherisch tätig zu werden. Klöden schreibt:

„Wo es Kinder und Soldaten gab, da gab es damals auch Prügel, und meistens auch ganz barbarische...."

Die Soldaten, aber auch deren Frauen und Kinder, waren der Militärgerichtsbarkeit unterworfen.

Anders als bei den Offizieren sah man es gern, wenn Soldaten heirateten. Mehr als ein Drittel der Mannschaften durften aber nicht verheiratet sein, wegen der oben beschriebenen Belegungsstruktur der Kasernen.

Außerhalb der Kasernen eine Wohnung zu mieten, war den meisten Soldaten nicht möglich, weil die Besoldung dafür nicht ausreichte. Die inländischen Soldaten befanden sich nur in den Übungsmonaten im Dienst. Die restliche Zeit des Jahres konnten sie während des Heimaturlaubs zivilen Berufen nachgehen. Das wurde von den Kompaniechefs durchaus gern gesehen, weil die Löhnung für diese Soldaten dann in ihren Taschen blieb. Beurlaubte erhielten nämlich keinen Sold.

Die angeworbenen Ausländer mußten sich jedoch ständig in der Garnison aufhalten. Sie erhielten nie Urlaub und hatten ein sehr hartes Leben. Man sah es bei ihnen besonders gern, wenn sie heirateten, weil dann die Gefahr der Desertion erheblich verringert war. Bei dem kargen Sold wurde das Leben dann aber noch härter. Viele Soldaten und ihre Familienangehörigen versuchten daher, sich ein zusätzliches Einkommen zu verschaffen. Sie verrichteten verschiedenste Handlangerdienste und auch Diebstähle waren keine Seltenheit. Dafür finden sich in den Parolebüchern der Regimenter häufige Hinweise:

„Es ist Klage eingelaufen, daß Soldaten, auch Soldaten-weiber sowohl bei Tag als Nacht sich vors Tor begeben und von den Feldern Kartoffeln, Kohl und andere Früchte holen. Sämtliche Regimenter haben dies aufs schärfste zu verbieten und darauf Acht zu haben, und sollen die Soldaten, so auf dergleichen Diebereien ertappt werden, mit Gassenlaufen, die Weiber mit der Fiddel bestraft werden..."

Die Strafen an den Frauen der Soldaten wurden ebenfalls öffentlich vor der Front der angetretenen Wachtparade vollzogen. Das belegen ebenfalls die Parolebücher. Im Parolebuch des Dragonerregiments Bayreuth in Pasewalk findet sich unter dem 14. Juli 1783 folgender Eintrag:

„Den Dragonerweibern ist anzusagen, daß des Dragoners Rogge Frau, von des Generals Eskadron, heute vor

der Hauptwache wegen ihres unerlaubten Handels brav gepeitscht worden ist."

Daß die geringe Besoldung und der daraus resultierende Hunger und die große Not die Menschen zu Diebstahl und unerlaubtem Handel trieb, blieb völlig außer Betracht.

1763 bekam ein Kanonier 72 Groschen im Monat, ein Arbeiter 210 Groschen. 2 Pfund Brot kosteten aber bereits 2 Groschen.

Wer konnte, versuchte also sich irgendwie etwas dazu zu verdienen. Die Soldaten arbeiteten bei Maurern oder bei Zimmerleuten als Handlanger. An der Spree sah man sie häufig beim Be- und Entladen von Kaufmannswaren. Diejenigen standen sich besser, die als selbständige Unternehmer auftreten konnten, die dann Zimmer mit Frühstück vermieteten, Metzgereien, Spinnereien oder Schneiderwerkstätten betrieben. Diese Betriebe waren teilweise so erfolgreich, daß sich die Innungen über die lästige Konkurrenz beschwerten. Die Innungsmeister hätten es natürlich viel lieber gesehen, wenn die Soldaten bei ihnen als Gesellen gearbeitet hätten.

Eine häufige Art des Zuverdienstes, die schon beinahe Gewohnheit war, war das „Stehlen" von Hunden reicher Leute, um für die Wiederbeschaffung eine gute Belohnung zu kassieren. Das war ein sehr einträgliches Geschäft, denn Möpse und Bologneser Hündchen waren sehr beliebt, weil jeder der es sich leisten konnte, dem Hundenarren Friedrich dem Großen nachzueifern suchte. Die Hunde des Königs mußten von den Bediensteten sogar mit „Sie" angesprochen werden. Die Tierliebe des

Königs beschränkte sich aber nur auf seine eigenen Pferde und Hunde. Eine Anordnung von ihm besagte, daß alle streunenden Hunde aller Art sofort zu erschießen seien.

Ein anderer Weg Geld zu verdienen, war das allerdings strikt verbotene Glücksspiel. Besonders beliebte Spiele bei den Soldaten waren das Riemenstechen und das Scheffelspiel. Bei dem Riemenstechen knüllte der Bankhalter einen drei Ellen langen Riemen zusammen. Die Enden behielt er dabei in den Händen. Der Spieler drückte einen Nagel oder Stock durch das Knäuel, ohne den Riemen dabei zu durchstoßen. Der Bankhalter zog nun an den Enden des Riemens. Löste sich das Knäuel auf, hatte er gewonnen. Blieb der Riemen aber an dem Nagel oder Stock hängen, war der Spieler Sieger.

Beim Scheffelspiel handelte es sich um eine Art Roulette. Man hatte dazu ein schalenartiges Gefäß, dessen Boden mit nummerierten Löchern versehen war. In die Schale wurde eine Kugel geworfen. Gewonnen hatte der Spieler, dessen Kugel in die Vertiefung mit der höchsten Zahl fiel.

Die Kasernen reichten bei weitem nicht aus, um alle Soldaten und deren Familien dort unterzubringen. Sie blieben daher eine erhebliche Belastung für die Bürger, die sie nicht nur als ungebetene Gäste akzeptieren mußten. An allen Ecken der Stadt wurde ständig gedrillt und exerziert. Die Gensdarmes ließen ihre Pferde Unter den Linden laufen. Zietens Husaren exerzierten auf dem Rondell am Halleschen Tor. Allerorten war Kommandogebrüll zu hören.

An den Stadtausgängen und auf den Straßen waren die Bürger peinlich genauen Kontrollen durch die Soldaten ausgesetzt, die überall nach Deserteuren suchten. Dieser Kontrolldienst war aber auch bei den Soldaten sehr unbeliebt.

Berlins Garnison stellte 34 Wachen, 15 an den Stadttoren und 19 innerhalb der Stadt. Dadurch waren in der Stadt ständig 1 000 Soldaten mit Wachdienst beschäftigt. Ihre Anlaufstellen waren die über das Stadtgebiet verteilten Hauptwachen. Die des Regiments Gensdarmes befand sich in der Charlottenstraße, die der Husaren am Rondell und die der Garde du Corps im Berliner Schloß.

Dieser ständige Wachdienst hatte jedoch auch seine gute Seite. Vor allem die nächtlichen Patrouillen, die bei Dämmerungseinbruch begannen, sorgten dafür, daß sich die Bürger sicher fühlten. Das Militär arbeitete reibungslos mit den städtischen zwei Nachtwachtmeistern und 52 Nachtwächtern zusammen, so berichten es zeitgenössische Quellen. Ein solch perfekter Schutz der Bürger auf den nächtlichen Straßen einer Stadt war damals durchaus nicht üblich. Nicolai schreibt dazu:

„Die öffentliche Sicherheit ist so vollkommen, als man es in einer so großen und volkreichen Stadt kaum vermuten sollte. Es gehen viele Jahre vorbei, ehe man von einem Straßenraube höret, und fast niemals bleibt der Täter unentdeckt; von Diebesbanden höret man selten, von Morden auf den Straßen garnicht, von gewaltsamen Einbrüchen und anderen beträchtlichen Diebstählen vergleichsweise gegen andere große Städte nicht viel. Man kann auf den Straßen die ganze Nacht hindurch ebenso sicher gehen als bei Tage. Diese Sicherheit hat man teils der Aufmerksamkeit der Polizei auf das Betragen aller verdächtigen Personen zu danken, teils

*tragen die Patrullen, welche auf Befehl des Gouvernements
die wachhabende Garnison die ganze Nacht tut, die Nacht-
wächter und die in allen Straßen vom September bis Mai
brennenden Laternen nicht wenig dazu bei."*

Wie bereits erwähnt, wurde es gern gesehen, wenn die
einfachen Soldaten heirateten. Ganz anders sah es bei dem
1. Bataillon Garde in Potsdam aus, dem Leibbataillon
Friedrichs des Großen. Diese Soldaten durften, nach
dem Willen des Königs, nicht heiraten. In „wilder Ehe"
zu leben, stand zu dieser Zeit aber unter schwerer Strafe.
Um den Lieblingssoldaten des Königs trotzdem die Möglichkeit zu geben, sich dem anderen Geschlecht straffrei
zu nähern, erfand man eine kuriose Einrichtung. Konnte
ein Soldat dieses Bataillons eine Frau dazu überreden,
mit ihm zusammen zu leben, mußte er dies nur seinem
Kompaniechef melden. Dieser stellte im dann einen so genannten „Liebstenschein" aus, auf dem vermerkt war, daß
der Grenadier „A" die Erlaubnis habe, die „B" als seine
Liebste zu sich zu nehmen. Konnte ein Grenadier einen
solchen Schein vorweisen, mußte die Dienstherrschaft
das Dienstmädchen, die Eltern aber auch die Tochter
ausliefern.

Ein solches Paar erhielt dann eine andere Unterkunft
zugewiesen. Wollte das Paar sich wieder trennen, war
das formlos möglich. Der Grenadier brauchte nur in
der Schreibstube Bescheid geben und konnte sofort sein
früheres Quartier beziehen. Die frühere Dienstherrschaft
oder die Eltern der Frau waren verpflichtet, sie ohne Vor-
würfe wieder bei sich aufzunehmen. Daß dies tatsächlich
so ablief, wage ich allerdings zu bezweifeln.

Gingen Kinder aus einer solchen Verbindung hervor, erhielt die Frau einen geringen Unterhalt. Die Kinder konnten aber auch an das Potsdamer Militär-Waisenhaus abgegeben werden, was bei der Trennung eines solchen Paares wohl häufig der Fall gewesen sein dürfte. In diesem Fall mußte die Mutter eine Bescheinigung des Bataillons vorlegen, daß sie in dem fraglichen Zeitraum die Liebste eines Grenadiers war.

Preußische Ulanen in der
Uniformierung bis 1914

3. Das Militär und die Gesellschaft

Die Anfänge des preußischen Heeres fallen in die Regierungszeit des Großen Kurfürsten, der 1640 von seinem Vorgänger Kurfürst Georg Wilhelm die Herrschaft übernahm. Die vorhandenen Truppen bestanden aus wenigen Bataillonen zusammengewürfelter, uneinheitlich gekleideter, abenteuerlicher Gestalten. Sie waren nicht besser und auch nicht schlechter als die Soldaten der Nachbarstaaten. Sie hatten keine Bindung an den Fürsten oder das Land, das sie verteidigen sollten. Sie dienten dem, der ihnen das meiste zahlte. Der Kampf für den Dienstherrn wurde meist mit dem eigenen Interesse verknüpft. Der Sold reichte für Rücklagen nicht aus und so wurde zügellos geplündert. Diese Söldner waren im Land mindestens ebenso gefürchtet wie die Feinde, vor denen sie es schützen sollten. Die Bevölkerung sah die Soldaten deshalb lieber gehen als kommen. Bürger und Soldat standen sich mißtrauisch und feindselig gegenüber.

Auch nach der Errichtung eines stehenden Heeres wurde das Ansehen der Soldaten nur wenig und ganz allmählich verbessert. Zu groß waren die Belastungen für die Bevölkerung. Nicht nur, daß vor allem die einfache Bevölkerung ständigen Zwangswerbungen ausgesetzt war, sie mußte auch erhebliche Abgaben zur Finanzierung des Heeres und eine Vielzahl von Hilfsdiensten leisten.

Mit der Einführung des stehenden Heeres besserte sich jedoch die Disziplin der Soldaten merklich.

Auch im 18. Jahrhundert wurden bereits Steuerreformen durchgeführt. Friedrich Wilhelm I. ließ die von den Bauern erhobene Grundsteuer vereinheitlichen, da man festgestellt hatte, daß sie bis dahin ohne System erhoben wurde. Teilweise wurde sie noch mit den Sätzen berechnet, wie sie zur Zeit des Dreißigjährigen Krieges üblich waren. In anderen Gegenden mußte eine weit höhere Steuer entrichtet werden. Das Ergebnis der Reform war so, wie wir es auch heute kennen. Am Ende zahlten alle höhere Steuern. Seit der Regierungszeit des Großen Kurfürsten waren die Lebensmittelpreise stark gestiegen, weshalb die Abgaben darauf kräftig erhöht wurden. Diese Maßnahmen führten dazu, daß die Einnahmen des Hofes stark stiegen. Der größte Teil dieses Geldes wurde in die Vermehrung der Armee gesteckt.

Im Jahr 1713 hatte das Heer eine Stärke von 38 447 Soldaten. 1740, beim Tode Friedrich Wilhelms I., war das Heer auf 76 278 Soldaten angewachsen. Dies bedeutete, daß ca. 7 % der einfachen Bevölkerung und 50 % des Adels ständig oder zeitweise unter Waffen standen. Das Militär bestimmte nicht nur in Potsdam und Berlin, sondern überall in Preußen das Bild. Bezieht man die ausgemusterten Soldaten mit ein, die in Amtsstuben saßen, als Kirchendiener eingesetzt waren und in den Dörfern als Schulmeister Lesen und Schreiben vermitteln sollten, so wird die Dominanz des Militärs noch deutlicher. Ein Zusammengehörigkeitsgefühl zwischen Bürgern und Soldaten ergab sich daraus aber nicht. Der Begriff „Bürger in Uniform" wurde erst in der heutigen Zeit geprägt. Damals grenzte man sich bewußt ab. Das Militär hielt sich für etwas besseres, weil man des „Königs Rock" trug. Der Bürger war mißtrauisch, weil er ständig neue Lasten zu befürchten hatte und neben der zivilen Willkür auch Übergriffe des Militärs befürchtete.

Besonders das Offizierscorps sah auf den Rotarier, wie man den Bürger nannte, geringschätzig herab. Es war auch keine Seltenheit, daß es zu Übergriffen und Gewaltanwendungen gegen Bürger kam. In einem Befehl vom 1. März 1752 heißt es:

„Es soll von jetzt an kein Bürger, der wirklich angesessen ist, in Arrest kommen und soll kein Officier, wenn er mit einem Bürger zu thun hat, denselben arretiren lassen, er habe auch gleich das höchste Recht dazu, sondern er soll den Bürger gehörigen Ortes anklagen und gewärtig sein, daß ihm Justice widerfahren wird."

In einem anderen Parolebefehl vom 12. Oktober 1754 wird geäußert:

„Das Gouvernement läßt bitten, daß die Regimenter ihren Officiers, Unterofficiers und Gemeine anbefehlen, daß sie keinen Bürger schlagen, widrigenfalls es an den König gemeldet und sie davor bestraft werden. Es wird daran erinnert, weil ein Fähnrich vom Meuringschen Regiment hierwider gehandelt hat und davor scharf angesehen wird."

Das Verhältnis zwischen Bürgern und Soldaten änderte sich erst fühlbar im Verlauf der Befreiungskriege, als es zur Volksbewaffnung gegen die napoleonische Fremdherrschaft kam und der Bürger zum Soldaten wurde.

Vielfach wird die friderizianische Zeit idealisiert und heroisiert.

In einem Gedicht von Theodor Fontane über das I. Bataillon Garde heißt es:

Erstes Bataillon Garde. Parad´ oder Schlacht
Ihm wenig „Differenzen macht"
Ob in Potsdam sie trommelnd auf Wache ziehn,
Ob sie stehen oder fallen bei Kolin,
Ob Patronenverknattern ob Kugelpfiff,
Immer derselbe feste Griff,
Dieselbe Ruh. Die Miene drückt aus:
„Ich gehör zur Familie, bin mit vom Haus."

Für die Soldaten, wie auch für die Bürger war jedoch jeder Tag gelebte Realität und ein harter Überlebenskampf. Tatsache ist aber auch, daß „Blut, Schweiß und Tränen" den Zusammenhalt einer Gemeinschaft stärken. Das galt besonders für die Soldaten. Der harte Drill, das enge Zusammenleben in den Kasernen und Unterkünften und das gemeinsame Erlebnis tödlicher Ereignisse auf den Schlachtfeldern schweißte sie zusammen. Die eiserne Disziplin ließ Widerspruch nicht aufkommen. Die Loyalität zum König war sakrosankt. Ein sächsischer Leutnant, der einige Jahre in der preußischen Armee Dienst tat, schreibt über die Befindlichkeit der Soldaten:

„...Sie bissen zuweilen vor Wut in ihre Ketten, bewunderten und liebten aber den, der sie ihnen anlegte."

Von Friedrich dem Großen ist ein Gespräch mit dem Alten Dessauer (Generalfeldmarschall Leopold von Anhalt-Dessau) aus dem Jahr 1740 überliefert. Bei einer Truppenrevue von 60 000 Mann fragte der König den Alten Dessauer was er an den Kerls am meisten bewundert. Dieser meinte, daß am lobenswertesten die Haltung und die Exaktheit der Bewegung der Soldaten zu bewundern sei.

Der König war jedoch der Ansicht, daß es das wunderbarste sei, unter diesen Leuten in Sicherheit zu sein und fügte hinzu:

„Jeder dieser Burschen ist sowohl Euer wie mein Feind, und doch hält sie die Subordination und der Geist der Ordnung in Schranken."

Dieser Geist des nahezu bedingungslosen Gehorsams herrschte auch in der Gesellschaft allgemein. Er wurde noch dadurch verstärkt, daß die an strikten bedingungslosen Gehorsam gewöhnten ausgedienten Soldaten, wie bereits erwähnt, als Kirchendiener, kleine Beamte und als Schulmeister überall im Lande anzutreffen waren, und diesen Geist weitergaben und am Leben erhielten.

An vielen Begriffen und Redewendungen, die dem Soldatenalltag entstammen und noch immer gebräuchlich sind, erkennt man noch heute den tiefgreifenden Einfluß des Militärs auf Leben und Gesellschaft.

Begriffe wie Pappkamerad; getrennt marschieren, gemeinsam schlagen; 08/15; Schulden wie ein Major; Küchendragoner; Schlachtenbummler lassen noch einen militärischen Ursprung erahnen.

Sprechen wir aber von Blauen Briefen; Eisernen Rationen; Blauen Bohnen; einen Türken bauen; sich verfranzen; der fünften Kolonne; dann wird es schon sehr schwer, einen militärischen Ursprung zu erkennen. Aber alle diese Begriffe stammen aus dem militärischen Alltag vergangener Jahrhunderte.

Der legendäre Husarengeneral Hans
Joachim v. Zieten

4. Schlußbemerkungen

Die brandenburgisch-preußische Armee existiert längst nicht mehr. Sie ist aber ein hervorragendes Beispiel für eine totale Institution, weil sie alle Kriterien einer solchen erfüllt.

Die Idee der Institution war es, ein Machtmittel zur alleinigen Verfügung des absoluten Herrschers zu sein. Ihr Personalbestand war gewaltig. Das Personal, also die Soldaten, waren den ihnen auferlegten Normen und Regeln uneingeschränkt unterworfen. Sogar ihre Familien waren einbezogen. Der materielle Apparat, das waren Kasernen, Waffen und Ausrüstung, stand in ungeheurer Menge zur Verfügung.

Alles wurde exakt geplant. Der militärische Alltag verlief nach einem genau vorgegebenen Regelwerk, dessen Ziel es war, die vorgegebenen Ziele zu erreichen.

Die Armee war aber nicht nur Machtmittel. Sie hatte auch eine eminent wichtige wirtschaftliche Bedeutung. Ihr gesamter Bedarf an Waffen, Bekleidung, Ausrüstung und Lebensmitteln wurde im Inland gedeckt. Das führte zu einem erheblichen wirtschaftlichen Aufschwung.

Preußen war eine Staatsidee, die während ihrer Blütezeit in Europa und in Übersee viele Bewunderer fand. Das führte sogar so weit, daß dem Prinzen Heinrich von Preußen, einem Bruder Friedrichs II., die Regentschaft über die um ihre Unabhängigkeit kämpfenden Neuenglandstaaten angeboten wurde.

Es ist heute weitgehend unbekannt, daß Preußen der erste Staat war, der die jungen Vereinigten Staaten von

Amerika offiziell anerkannt hat. Es war auch Friedrich
II., der es ablehnte, an England Soldaten zu verkaufen,
die in den nordamerikanischen Kolonien gegen die Auf-
ständischen kämpfen sollten. Er machte in der gleichen
Angelegenheit auch seinen Einfluß am Zarenhof geltend,
als England dort mit diesem Ansinnen vorsprach. Erst
ein hessischer Fürst war es, der bereit war, an England
Truppen zu verkaufen.

Friedrich II. war sich selbst durchaus der Unzuläng-
lichkeit der absoluten Herrschaftsform bewußt, wenn er
feststellte, daß eine solche Regierungsform entweder die
beste oder die schlechteste Art einer Regierung sei, immer
abhängig von der Qualität des Herrschenden.

Aus heutiger Sicht, mit dem Wissen um gesellschaftliche und geschichtliche Zusammenhänge ausgestattet,
läßt sich viel an den Zuständen vergangener Zeiten be-
mängeln. Wir sollten aber nicht urteilen und verurteilen,
sondern unsere Lehren aus der Geschichte ziehen, um so
unsere Gegenwart besser zu gestalten.

Ein verwundeter preußischer Ulan in der
Uniform von 1870/71

5. Literatur zum Thema

Goffman, Erving, 1973: Asyle – Über die soziale Situation psychiatrischer Patienten und anderer Insassen. Frankfurt/M: Suhrkamp

Guddat, Martin, 1986: Grenadiere, Musketiere, Füsiliere: Die Infanterie Friedrichs d. Großen. Hamburg: Nikol

Guddat, Martin, 1989: Kürassiere, Dragoner, Husaren: Die Kavallerie Friedrichs d. Großen. Hamburg: Nikol

Guddat, Martin, 1992: Kanoniere, Bombardiere, Pontoniere: Die Artillerie Friedrichs d. Großen. Hamburg: Nikol

Klöden, Karl Friedrich, 1976: Von Berlin nach Berlin: Erinnerungen 1786-1824. Berlin: Verlag der Nation

Lezius, Martin, 1937: Gloria – Viktoria. Berlin: Scherl

Lill, Peter, 1981: Friedrich der Große – Anekdoten. München und Eßlingen: Bechtle

Sauer, August, o. J.: Ewald von Kleists Werke, Bd. 1. Berlin: Gustav Henkel

Transfeldt, Walter, 1986: Wort und Brauch in Heer und Flotte; 9. Auflage. Stuttgart: W. Spemann